This book belongs to

about

about

about

about

about

about

ABOUT

ABOUT

ABOUT

ABOUT

ABOUT

ABOUT

about

about

about

about

about

ABOUT

ABOUT

ABOUT

ABOUT

ABOUT

ABOUT

better

better

better

better

better

BETTER

BETTER

BETTER

BETTER

BETTER

better

better

better

better

better

BETTER

BETTER

BETTER

BETTER

BETTER

BETTER

bring

bring

bring

bring

bring

BRING

BRING

BRING

BRING

BRING

BRING

bring

bring

bring

bring

bring

BRING

BRING

BRING

BRING

BRING

BRING

carry

carry

carry

carry

carry

carry

CARRY

CARRY

CARRY

CARRY

CARRY

clean

clean

clean

clean

clean

clean

CLEAN

CLEAN

CLEAN

CLEAN

CLEAN

CLEAN

clean

clean

clean

clean

clean

clean

CLEAN

CLEAN

CLEAN

CLEAN

CLEAN

CLEAN

cut

cut

cut

cut

cut

cut

CUT

cut

cut

cut

cut

cut

cut

cut

cut

cut

cut

cut

CUT

CUT

CUT

CUT

CUT

CUT

done

done

done

done

done

done

DONE

DONE

DONE

DONE

DONE

DONE

done

done

done

done

done

done

DONE

DONE

DONE

DONE

DONE

DONE

draw

draw

draw

draw

draw

draw

DRAW

DRAW

DRAW

DRAW

DRAW

DRAW

draw

draw

draw

draw

draw

draw

DRAW

DRAW

DRAW

DRAW

DRAW

DRAW

drink

drink

drink

drink

drink

DRINK

DRINK

DRINK

DRINK

DRINK

DRINK

drink

drink

drink

drink

drink

DRINK

DRINK

DRINK

DRINK

DRINK

DRINK

eight

eight
eight
eight
eight
eight

EIGHT

EIGHT
EIGHT
EIGHT
EIGHT
EIGHT

eight

eight
eight
eight
eight
eight

EIGHT

EIGHT
EIGHT
EIGHT
EIGHT
EIGHT

fall

fall
fall
fall
fall
fall

FALL

FALL
FALL
FALL
FALL
FALL

fall

far

far
far
far
far

FAR

FAR
FAR
FAR
FAR
FAR

far

far

far

far

far

far

FAR

FAR

FAR

FAR

FAR

FAR

full

FULL

full

got

got

got

got

got

got

GOT

GOT

GOT

GOT

GOT

GOT

got

GOT

hold

hold hold hold hold hold

HOLD

HOLD HOLD HOLD HOLD HOLD

hold

HOLD

hot

hot

hot

hot

hot

hot

HOT

HOT

HOT

HOT

HOT

HOT

hot

hot

hot

hot

hot

hot

HOT

HOT

HOT

HOT

HOT

HOT

hurt

hurt

hurt

hurt

hurt

hurt

HURT

HURT

HURT

HURT

HURT

HURT

hurt

HURT

if

if

keep

KEEP

keep

keep

keep

keep

keep

keep

KEEP

KEEP

KEEP

KEEP

KEEP

KEEP

kind

kind

kind

kind

kind

kind

KIND

KIND

KIND

KIND

KIND

KIND

kind

KIND

laugh

laugh
laugh
laugh
laugh
laugh

LAUGH

LAUGH
LAUGH
LAUGH
LAUGH
LAUGH

laugh

laugh

laugh

laugh

laugh

laugh

LAUGH

LAUGH

LAUGH

LAUGH

LAUGH

LAUGH

light

light

light

light

light

LIGHT

LIGHT

LIGHT

LIGHT

LIGHT

LIGHT

light

LIGHT

long

LONG

long

long long long

long long long

long long long

long long long

LONG

LONG LONG

LONG LONG

LONG LONG

LONG LONG

LONG LONG

much

much
much
much
much

MUCH

MUCH
MUCH
MUCH
MUCH
MUCH

much

much

much

much

much

MUCH

MUCH

MUCH

MUCH

MUCH

MUCH

myself

myself

myself

myself

myself

MYSELF

MYSELF

MYSELF

MYSELF

MYSELF

MYSELF

never

never

never

never

never

NEVER

NEVER

NEVER

NEVER

NEVER

NEVER

never

never

never

never

never

NEVER

NEVER

NEVER

NEVER

NEVER

NEVER

only

only

only

only

only

only

ONLY

ONLY

ONLY

ONLY

ONLY

ONLY

only

only

only

only

only

ONLY

ONLY

ONLY

ONLY

ONLY

ONLY

own

own

own

own

own

own

OWN

OWN

OWN

OWN

OWN

OWN

own

own
own
own
own
own

OWN

OWN
OWN
OWN
OWN
OWN

pick

pick

pick

pick

pick

pick

PICK

PICK

PICK

PICK

PICK

PICK

pick

PICK

seven

seven

seven

seven

seven

seven

SEVEN

SEVEN

SEVEN

SEVEN

SEVEN

SEVEN

seven

SEVEN

shall

shall

shall

shall

shall

shall

SHALL

SHALL

SHALL

SHALL

SHALL

SHALL

shall

shall

shall

shall

shall

shall

SHALL

SHALL

SHALL

SHALL

SHALL

SHALL

show

show
show
show
show
show

SHOW

SHOW
SHOW
SHOW
SHOW

show

show

show

show

show

show

SHOW

SHOW

SHOW

SHOW

SHOW

SHOW

six

six

six

six

six

six

SIX

SIX

SIX

SIX

SIX

SIX

six

six

six

six

six

six

SIX

SIX

SIX

SIX

SIX

SIX

small

small

small

small

small

small

SMALL

SMALL

SMALL

SMALL

SMALL

SMALL

small

small

small

small

small

small

SMALL

SMALL

SMALL

SMALL

SMALL

SMALL

start

start

start

start

start

start

START

START

START

START

START

START

start
start
start
start
start
start

START
START
START
START
START
START

ten

TEN

ten

ten

ten

ten

ten

ten

TEN

TEN

TEN

TEN

TEN

today

today

today

today

today

today

TODAY

TODAY

TODAY

TODAY

TODAY

TODAY

today

today
today
today
today
today

TODAY

TODAY
TODAY
TODAY
TODAY
TODAY

try

try
try
try
try
try

TRY

TRY
TRY
TRY
TRY
TRY

try

try
try
try
try

TRY

TRY
TRY
TRY
TRY

warm

warm

warm

warm

warm

warm

WARM

WARM

WARM

WARM

WARM

WARM

Made in the USA
Middletown, DE
20 July 2019